tage si la voie qui va lui répondre,
lui est étrangère. Mais elle a reconnu celle de Jérome, journa-
lier que l'on emploie souvent dan
le château ; notre vieille s'avanc
et lui demande, avant d'ouvrir
quel sujet peut l'amener à cett
heure.

» Ce sont deux jeunes militaire
qui sont sans asile et qui viennen
vous demander l'hospitalité.

» Deux jeunes militaires ! oh
cela demande réflexion ; je va
consulter madame, et si elle m'é
croit, elle ne donnera pas l'entre
dans son château au milieu de l
nuit à des étrangers, et surtout
des militaires.

» Eh ! pourquoi ? madame, ré
pond Offman ; est-ce que notr

nière, et allumant sa lanterne, il
les engage à le suivre.

On arrive au château, qui est
précédé d'une vaste cour, et pour
que l'on puisse se faire entendre,
il y a une forte cloche à la première porte. Jérome sonne ses
trois coups auxquels on distingua
que c'était la visite de quelqu'un
de connaissance, sans cela, on aurait fort bien pu ne point venir,
et c'est une obligation de plus que
nos voyageurs ont à leur conduc-
teur, qui ne manque pas de leur
en faire la remarque.

La même gouvernante arrive
avec le petit garçon qui porte
un mot. « Qui est là? s'écrie-t-
elle du milieu même de la cour,
on ne peut avancer davan-

LE CRIMINEL

INVISIBLE.

I.

I

MINISTRE

LE CABINET

Mon Geolier Masqué me remit un 3e. Billet, on y lisait ces
Mots à Minuit, Silence, Confiance à toute epreuve.

LE CRIMINEL

INVISIBLE.

PAR E. F. VAREZ.

A PARIS,

Chez LACOURIÈRE, Libraire,
boulevard du Temple, N°. 50.

1807.

LE CRIMINEL INVISIBLE.

CHAPITRE PREMIER.

JE me nomme Alexis Belval ; mon père, ancien officier de marine, habite Rouen, où il jouit d'une fortune honnête. Depuis cinq ans, j'ai perdu ma mère, et avec elle sont disparus ces tendres soins, ces attentions délicates qui caractérisent si bien le cœur des femmes.

L'habitude de commander à des matelots, et la sévérité nécessaire à un marin, avaient donné à mon

Tome I.   A

père, un ton dur, un air sérieux
et froid, capable d'intimider la
personne qui le voit pour la première fois. N'ayant que moi pour
fils, et se trouvant veuf à qua-
rante ans, il jugea à - propos de
m'envoyer à Paris, pour perfec-
tionner mon éducation près des
maîtres célèbres que cette ville
renferme.

Mon bonheur, ou mon malheur (c'est ce que la suite apprendra), me fit me loger dans une maison de la rue Haute - Feuille. Là, j'occupais un assez bel appartement au troisième étage, et moyennant une légère rétribution à mon portier, il m'accordait la ouissance d'un beau jardin dépendant de la maison, le propriétaire en étant absent.

L'étude prenait toutes mes matinées, et mes soirées étaient remplies par le spectacle ou la promenade, selon mon goût et l'état de mes finances. Je m'étais lié avec peu de monde; Derville était mon seul ami, et formait toute ma société.

Il y avait trois mois que j'occupais mon joli réduit, lorsqu'un matin, mon portier vint m'éveiller, en m'apprenant que son maître était de retour de la nuit, et qu'il me serait impossible, à l'avenir, de jouir de la promenade du jardin. — Pourquoi? — Ce sont des gens susceptibles. — Je ne les incommoderai pas. — Sa-

voir ; il vit si retiré. — De toute
manière, n'étant pas connu de lui,
je lui dois une visite ; annoncez-
moi vers les deux heures : dans la
conversation, je demanderai, et
j'obtiendrai sans doute la jouis-
sance du jardin. — Vous ne l'ob-
tiendrez pas. — A cause... — A
cause de mademoiselle, qui s'y
promène toute la journée. — Mademoiselle ? — Oui, la fille de
monsieur. — Ah ! ah ! et quel âge,
trente ans ? — Seize au plus. —
Jolie, sans doute ? — Un ange de
beauté. — Vous excitez ma curiosité, M. Bertrand. — Voilà ce que
je craignais. — Toujours défiant ?
— Sans doute ; vous êtes jeune,
mademoiselle est jeune ; elle est
jolie, vous êtes beau garçon ; vous

vous vous rencontrerez ; vous vous plairez ; vous vous le direz, vous voudrez vous épouser, les parens ne voudront pas ; vous serez obstinés , on se fâchera , et vous l'enleverez. La cause première de tout cela , une clef de jardin prêtée innocemment et sans réflexion. — Comment ? M. Bertraud ; mais vous avez de l'esprit, vous venez , sans vous en douter, de tracer un roman. — Monsieur, je juge les autres d'après moi-même. — Vous fûtes donc entreprenant ? — Si je le fus , ah !... si je possède madame Bertrand, c'est bien par la force, et si monsieur veut, je vais lui raconter... — Un moment; pour l'instant, contentez - vous d'exécuter mes

ordres ; annoncez au propriétaire.... Comment le nommez-
vous ? — M. Dalville. — Annoncez à M. Dalville qu'un locataire
qui a loué chez lui en son absence, ayant appris son retour,
demande la permission de le sa-
luer. — Oui, monsieur. — A deux
heures, pas plutôt. — Oui, monsieur. Allez. — Oui, monsieur.

Bertrand n'était pas à la porte de
ma chambre , que mademoiselle
Dalville avait déjà vingt fois occupé ma pensée. Seize ans, belle,
me disais - je à moi-même, c'est
charmant !.... Dieux ! dix heures,
et la leçon d'armes , et le cours de
physique, et la visite à M. Dalville ; et tout en parlant, pensant,
réfléchissant , je m'habillais. Ma-

demoiselle Dalville m'occupait sans relâche, et sans le vouloir, je donnais plus de soins à ma toilette ; le nœud de ma cravatte ne se plaçait pas à mon goût, une boucle de cheveux ne tombait pas à mon gré ; j'étais enfant comme on l'est à dix - huit ans : enfin je termine, je pars, j'assiste aux leçons sans écouter ; je suis distrait, rêveur ; vingt fois je tire ma montre, une heure !... Je n'ai pas pour dix minutes de chemin, et cependant je crains de ne pas être arrivé à tems. Je me jette dans un fiacre : « rue Haute-Feuille, m'é-
» criai - je. » Le cocher fouette, les chevaux partent, j'arrive, je frappe..... une heure sonnait encore.

(12)

Que faire ? le rendez-vous n'est que pour deux heures. Je monte chez moi, j'ouvre vingt volumes, tout m'ennuie ; je me mets à la fenêtre, il fait trop de vent ; je veux prendre mon violon, la musique me fatigue ; je saisis mes crayons, la main me tremble. Heureusement le tems a fui ; je descends, Bertrand me précède. M. Dalville occupait le rez - de - chaussée, je restai un instant dans l'anti - chambre, on m'annonce. Faites entrer. J'entre. M. Dalville m'indique un siège, je m'assieds. Je viens, monsieur, vous présenter mes devoirs, je suis venu habiter chez vous pendant votre absence, votre portier m'a accepté, puis-je espérer que vous voudrez bien confirmer son choix ? — Avec plaisir ; monsieur, vous n'avez pas besoin d'autre recommandations que vous-même. — Vous êtes indulgent. — Nullement ; mais vous paraissez bien jeune ; vous voilà de bonne heure livrée à vous-même ; auriezvous perdu vos parens. — Depuis cinq ans je suis privé de ma mère ; mais mon père existe, et c'est lui qui m'envoie à Paris pour achever mon éducation. —Vous êtes sans doute adressé à quelqu'un ? — A personne, monsieur. -- Cela fait votre éloge et prouve qu'on vous connaît en état de vous conduire, d'après vos sentimens ; vous vous nommez ? — Alexis Belval. — Belval ! dites - vous ? —Oui, monsieur, d'où peut naître votre surprise ?

—Seriez-vous parent de Georges
Alexandre Belval, ancien officier
de Marine ? — Son fils. — Son
fils, Dieux !... Excusez, monsieur, un mouvement que je n'ai
pu réprimer ; ma surprise est bien
naturelle , j'ai beaucoup connu
votre père, la plus vive amitié
nous a unis , et nous unirait sans
doute encore, s'il savait ma destinée..... Permettez un instant.
(Il sonne.) J'ai une fille, je dois
vous la faire connaître. Ah! depuis
bien long-tems , j'attendais cet
heureux moment !

Mademoiselle Dalville paraît,
rougit en appercevant un étranger. M. Dalville continue : Amélie, point de timidité, embrassez
votre époux. — Son époux ! —

Quoi ! monsieur serait ?.... ̄ ̄
Belval fils. — Ah !... Je reste stu-
péfait de cette scène ; Amélie fixe
un instant son père, et vient se jè-
ter dans mes bras ; étourdi, je la
presse sur mon cœur, l'embrasse
et continue à rester dans un trouble inexprimable. M. Dalville paraît au comble de la joie : Oui ,
monsieur, s'écrie-t-il, voilà votre
épouse ; vous en êtes aimé , sans
en être connu ; votre vue ne dé-
truira sans doute pas ce sentiment.
Amélie rougit : — Je sens que vous
avez besoin de beaucoup d'explications , vous les aurez toutes ,
monsieur ; mais nous arrivons de
la campagne, nous avons des vi-
sites à rendre, il faut absolument
que nous sortions. A ce soir , je

vous attends dans mon cabinet à
dix précises ; soyez exact ; saluez
Amélie. Je saluai de même, nous
nous regardions, moi, toujours
interdit d'une telle aventure, et
Amélie, comme honteuse de s'ê-
tre livrée si vivement à mes em-
brassemens ; enfin je sortis, après
avoir promis d'être exact au rendez-vous.

CHAPITRE II.

CHAPITRE II.

Un pas de plus.

COMMENT, monsieur l'auteur, mais vous allez vîte en besogne ; Belval va épouser mademoiselle Dalville, rien de plus clair. Où sont donc les incidens ? ce criminel invisible ? ..... Un instant, monsieur, un instant, vous n'êtes qu'au premier chapître ; lisez le second, et vous ferez *un pas de plus.*

Si mademoiselle Dalville m'avait occupé le matin, combien ne m'occupa - t - elle pas le reste du jour ! Ce n'était plus un être idéal

Tome I.   B

que je m'étais plu à former, et à
parer de tout ce que la beauté a de
séduisant ; c'était mademoiselle
Dalville elle-même qui s'offrait à
mes esprits ; et pour comble de
tourmens, la réalité surpassait encore l'idée que je m'étais faite de
ses charmes.

Et qui aurait pu la voir, sans en
être épris ; une taille élancée, une
peau de satin, des yeux bleus où
reposait la volupté, une chevelure dorée, des contours délicieux,
un organe enchanteur, telle était
Amélie, telle du moins j'avais pu
la juger dans le court entretien
que j'avais eu avec son père. Ah !
si alors j'eusse connu ses aimables
qualités, mon ivresse eût été trop
grande, je n'aurais pu supporter
mon bonheur.

A l'heure indiquée, je me rendis chez M. Dalville, il parut satisfait de mon exactitude ; j'allais lui demander où était son aimable fille, il prévint ma question en me disant que la scène du matin lui avait causé un peu d'émotion , et que lui - même l'avait invitée à se retirer chez elle. Ce que j'ai à vous dire, ajouta-t-il , demande de l'attention ; une jolie femme pourrait vous distraire ; après mes confidences , si vous ne changez pas d'avis , vous serez libre de disposer de ses momens ; passons dans mon cabinet.

Je dois avouer que cet air mystérieux m'inquiéta. Je ne savais que penser, et c'est dans la plus vive impatience que j'attendais le

résultat de cette conversation. Arrivé dans son cabinet, M. Dalville
en ferma soigneusement portes et
fenêtres, atteignit d'un tiroir de
son sécrétaire un rouleau de papiers, et me fit signe de m'asseoir.
Il commença par me faire quelques questions, pour s'assurer si
j'étais bien réellement le fils de
son ami Belval, des lettres de mon
père que j'avais sur moi, leverent
toutes les difficultés, et il s'ex-
prima en ces termes:

« Votre père est mon ami ; ma
fille vous a été destinée, dès ses
premières années ; c'est près d'elle
que se sont écoulés vos premiers
mois ; mais, depuis ce tems, des
malheurs affreux sont venus m'accabler, c'est à vous qu'il appar-

tient de les réparer ; mon âge et mes infirmités m'ôtent le pouvoir d'agir par moi-même ; Belval m'a promis un défenseur, un vengeur en son fils ; la carrière que vous ayez à parcourir n'est pas sans périls.... Amélie est le prix de votre courage ; elle deviendra votre épouse, cette condition n'existe que dans le cas où votre cœur serait entièrement libre : quant à celui de ma fille, il est à vous, un père se trompe rarement, et je puis vous en donner l'assurance. »

A ces mots, j'affirmai à M. Dalville qu'aucun sentiment ne m'occupait, que j'étais entièrement libre. Que dis-je ? j'avais vu Amélie et mon cœur n'était plus à moi.

» Je vous crois, reprit M. Dal-

ville, et vous en donne la preuve
en vous confiant mes malheurs;
prêtez-moi la plus scrupuleuse attention, la moindre circonstance
de mon récit doit rester gravée
dans votre mémoire. Écoutez:

» Votre aïeul fut intimement
lié avec mon père; le vôtre encore
enfant fut amené dans ma famille.
J'avais douze ans alors, nous
nous jurâmes une amitié qui ne se
démentit jamais; nous reçûmes
tous deux la même éducation, les
mêmes maîtres nous instruisaient
et c'est sous les yeux de mon père
que le vôtre devint homme. Nous
obtînmes de nos parens la permission de voyager sous la conduite
d'un serviteur fidèle, nous partîmes. Après avoir parcouru les

sites les plus beaux de la Suisse ;
visité la riante Italie et une partie
de la France , nous séjournâmes
quelque tems en Provence ; la
beauté du climat, l'air pur qu'on
y respire, la franchise et la bonne-
foi de ses habitans nous engagè-
rent à y prolonger notre séjour.

» Dans une promenade , nous
fûmes assez heureux pour rendre
un service important à une dame
et à deux demoiselles. Elles se pro-
menaient à cheval, lorsqu'un coup
de feu partit près d'elles , effraya
leurs chevaux ; ils s'étaient jetés
dans un bouquet de bois, et me-
naçaient d'une mort certaine les
personnes qui les montaient. Votre père et moi, méprisant tous
dangers, nous nous jetàmes au-

devant d'eux, et parvînmes à les arrêter. Notre dévouement venait de sauver la vie à madame de St.-Ange, à sa fille, et à mademoi- de Sérigny, son amie. Elles nous accordèrent la permission de leur rendre nos devoirs; notre voisi- nage et le peu de monde que ces dames voyaient, semblaient l'au- toriser. Dès-lors plus de prome- nade, plus d'étude; nous étions sans cesse après de nos aimables voisines. L'amour s'empara bien- tôt de nos cœurs, et remplaça l'a- mitié; nous fîmes part à nos pa- rens de cette aventure; ils con- naissaient les familles St-Ange et Sérigny, et nous reçûmes leurs consentement pour notre union. Mademoiselle de Sérigny fut votre mère, et mademoiselle de St-Ange celle d'Amélie... Pardonnez ces larmes, les événemens qui me restent à vous décrire, doivent les justifier !

» Deux ans après notre mariage, nous étions tous deux pères, tous deux parfaitement heureux ; mais hélas ! l'époque de mes infortunes approchait, mon épouse devait empoisonner le reste de mes jours...? Que dis je ? ne croyez pas qu'elle ait trahi ses sermens ; non, mais une main barbare, un traitre... continuons.

» Votre père avait toujours montré beaucoup de goût pour la marine ; c'est vers ce but que se dirigeaient ses études. Les connaissances qu'il avait acquises, jointes

à de fortes protections, lui firent
obtenir le commandement d'un
vaisseau appartenant à la compagnie des Indes. Il se trouvait forcé
de partir ; notre séparation lui
coûtait infiniment. Je proposai à
ma femme de l'accompagner avec
lui ; elle y consentit d'autant plus
volontiers, que votre mère était
du voyage, et que l'amitié la plus
vive les unissait.

» Nous nous embarquâmes,
vous n'aviez pas trois ans alors,
Amélie atteignait sa première an-
née. On vous confia tous deux à
une personne de connaissance, et
nous partîmes. Notre traversée fut
heureuse. Arrivés en Amérique,
votre père exécuta avec célérité
les ordres de sa compagnie : pen-

dant ce tems , je m'occupai à ven-
dre une cargaison que j'avais faite
pour mon compte ; votre mère et
mon épouse visitaient le pays , et
se seraient trouvées parfaitement
heureuses , si leurs enfans eussent
été près d'elles: un américain d'un
âge respectable s'était déclaré leur
guide ; ce galant Sigisbé les ac-
compagnait à la promenade , et
leur tenait chez elles une compagnie assidue... Que j'étais loin de
penser alors que cet homme devait
empoisonner le reste de ma vie !

» La veille du jour fixé pour
notre départ, nous revenions votre père et moi du port, pour surveiller nos embarcations. Il était
près de minuit ; l'envie d'abréger
notre chemin, nous fit concevoir

l'idée d'escalader le mur d'un vaste
enclos dépendant de la maison que
nous occupions. Nous cherchions
un endroit facile à gravir, lorsqu'une échelle se présente à nos
yeux. Nous nous regardons avec
étonnement ; mais votre père me
fait observer qu'elle est sans doute
restée en cet endroit par la négli-
gence de quelques domestiques.
Nous ne songeâmes qu'à profiter
de ce hasard pour exécuter notre
dessein. A peine fus-je au faîte
de la muraille, qu'une seconde
échelle, placée dans l'intérieur du
jardin, frappa notre vue ; les plus
cruels pressentimens se présentè-
rent en foule à mon imagination ;
Belval paraissait lui - même dans
la plus grande agitation. Nous
prîmes

primes à grands pas le chemin de notre demeure; tout y était dans le plus grand silence. Parvenu à l'appartement de mon épouse, je n'y trouvai personne. Nous nous rendîmes à celui occupé par madame Belval; nous la trouvâmes endormie. L'éveiller, l'accabler de questions, fut pour nous l'affaire d'un instant; mais quel fut notre étonnement, mon effroi, ma douleur, lorsqu'elle nous apprit qu'elle avait quitté ma femme, il y avait près de deux heures, ayant eu toutes deux l'intention de se retirer de bonne-heure, sachant qu'à la pointe du jour, nous devions mettre à la voile. Nous fîmes de nouvelles recherches. Sa femme-de-chambre m'assura l'avoir mise

au lit, et les autres domestiques
étaient à ce sujet dans une entière
ignorance. Vous devez juger, mon
cher ami, de notre horrible situation ; votre père courut au port
et revint bientôt avec la certitude
qu'aucun navire ni barque n'en
étaient sortis. J'étais absorbé par
la douleur, et les plus tristes ré-
flexions ; la nuit s'avançait, et le
jour était prêt de paraître, lorsqu'on frappa à grands coups à la
première porte. Mon domestique
courut ouvrir, il n'y trouva personne ; mais une lettre à mon
adresse était à terre : il s'en saisit
et chercha mais en vain à en découvrir le porteur. Il revint vers
moi, votre père et son épouse se
rapprochèrent, et nous lûmes le
fatal écrit que voici : »

A ces mots, M. Dalville le sé-
para des différentes pièces qu'il
tenait, et lut ce qui suit :

« MONSIEUR,

» Je me hâte de vous tirer de
» l'incertitude où vous êtes sans
» doute depuis plusieurs heures ;
» madame Dalville est en mon
» pouvoir. A portée de juger à
» chaque instant de ses aimables
» qualités, je n'ai pu résister au
» desir de la voir en ma puissance.
» Votre brusque départ, ne me
» donnant pas le tems d'employer
» près d'elle la persuasion, je n'ai
» vu d'autres moyens qu'un enlè-
» vement. Un homme de confiance
» a eu soin de hâter son sommeil,
» et m'a introduit chez elle ; je la

» conduis en Europe : ne croyez
» cependant pas nous découvrir,
» nous sommes invisibles.

» JOHN BUWORTZ. »

Dans cette lettre était inclus le billet ci-joint, en entier de l'écriture de John, mais signé de la main de ma malheureuse épouse:

« Je dois déclarer que M. John
» Buwortz n'a employé, jusqu'à
» ce moment, à mon égard, que
» les marques du plus profond
» respect ; je déclare aussi que je
» quitte le continent accompagnée
» seulement de lui.

» Femme DALVILLE, née
» SAINT-ANGE. »

« John Buwortz n'était autre que l'américain qui les avait constamment accompagnées, que votre père honorait de son amitié et d'une estime particulière... Il n'y avait donc plus de doutes; ma malheureuse épouse était devenue la victime de ce scélérat : encore deux mois et pour la seconde fois elle me rendait père !... J'ignore si cet être infortuné à reçu le jour, j'ignore dans quel lieu il traîne sa malheureuse existence.

» Belval et moi jurâmes de ne prendre aucun repos que nous n'ayons découvert le ravisseur et obtenu des renseignemens ; je dis plus, la liberté de ma femme. »

M. Dalville en était à cet endroit de son récit qui m'interessait vi—

vement, lorsque la pendule sonna deux heures. Je ne puis continuer, me dit-il, il se fait tard, et le souvenir de ces événemens me fait mal et m'ôte la force de veiller davantage. Demain, mon ami, vous entendrez la fin de mon histoire. Puisse l'affreuse perfidie de Buwortz, imprimer dans votre jeune cœur toute l'horreur qu'elle doit inspirer, et vous donner le courage nécessaire aux devoirs que vous avez à remplir! Je manifestai hautement mon opinion. — Mais comment se fait-il, ajoutai-je, que mon père ne m'ait jamais parlé de cette aventure? qu'il m'ait laissé ignorer qu'il était votre ami, et que j'étais chargé du soin de procurer la paix à votre vieillesse ; enfin que mon épouse était choisie ? — Je partage votre surprise, et j'ignore en effet ce qui a pu engager Belval à garder le silence. Mais voilà ce que je puis présumer : à l'époque où votre âge aurait permis qu'on vous fît cette confidence, commença notre révolution. Jouissant d'une fortune assez considérable, je fus obligé, pour me soustraire aux poursuites d'une poignée d'hommes qui déshonoraient le nom français, de m'expatrier. Je partis accompagné seulement d'Amélie ; nous changeâmes de nom, et pour mieux *désorienter* mes ennemis, je fis courir le bruit de ma mort. Cette fausse nouvelle sera parvenue jusqu'à

votre père qui, la croyant véritable, aura jugé inutile de vous
confier des malheurs qui n'au-
raient pu exciter en vous que des
regrets, sans vous laisser l'espérance de les réparer. Depuis que
la tranquillité publique m'a permis de reparaître avec sécurité, je
n'ai pu à mon tour savoir ce qu'é-
tait devenu mon ami; ce n'est que
par vous que j'ai connu son sort,
votre vue fait renaître en moi tous
les projets que j'avais formés, les
espérances que j'avais conçues. —
Je les réaliserai, ma vie entière
doit être consacrée à l'ami de mon
père, au père d'Amélie. — J'aime
cette chaleur, adieu; demain matin, venez déjeûner avec ma fille,
la conversation sera plus gaie,

adieu. Je le quittai et montai chez moi avec précaution.

Malgré l'heure avancée, le sommeil était loin de moi. Le récit de M. Dalville m'occupait tout entier. Je m'appercevais bien que ma destinée était de découvrir l'infâme John, et qu'Amélie était ma récompense ; mais cette pensée, me ramenant naturellement à mademoiselle Dalville, je me trouvais heureux ; enfin j'allais la revoir, j'allais contempler de nouveau des charmes qui déjà étaient nécessaires à mon bonheur.

C'est au milieu de toutes ces idées que le sommeil vint un instant calmer mes sens ; mais il ne fut pas de longue durée. Quoiqu'il fût fort tard lorsque je rentrai, dès sept heures du matin, j'étais sur pied , et préparais ma toilette pour le déjeûner. Enfin cet instant arriva ; je vis pour la seconde fois mademoiselle Dalville, et ne fus pas détrompé : quelle était belle ! quelle aimable rougeur vint couvrir son jeune front à mon arrivée !... La timidité s'était emparée de nos âmes, et ce n'est qu'après de longs intervalles que nous prononcions quelques mots insignifians qui nous causaient un embarras plus grand encore. M. Dalville, par son aménité , nous rendit à nous-mêmes. Mon Amélie , comme sortant d'une profonde rêverie , fit briller les grâces de son esprit. Encouragé par sa présence, je répondis , et bientôt un entre-

tien s'établit entre nous , et répara
la monotonie qui avait marqué les
premiers instans de cette entrevue.
M. Dalville me fit plusieurs questions sur ma famille , sur la situation actuelle de mon père , et enfin
parut prendre le plus vif intérêt
à tout ce qui pouvait nous concer-
ner. Après quelques instans , je
vous laisse , dit-il ; Alexis voudra
bien manquer quelques leçons ,
pour tenir compagnie à ma fille.
—Quoi , monsieur ; vous permettez ? — C'est au fils de Belval que
je confie mademoiselle Dalville. Il
prononça ces derniers mots d'un
ton solemnel , embrassa sa fille ,
me prit la main , et sortit.

Nous voilà seuls , grand silence.
Le tems est beau. — Oui , mon-

sieur. — Aimez - vous cette saison ? — Oui, monsieur, et vous ? — Moi, mademoiselle, près de vous elles sont toutes agréables. Nouveau silence..... il semblait que nous venions d'épuiser toutes les ressources de la conversation. Amélie reprend la parole : Monsieur dessine-t il ? —Un peu, mademoiselle , vous possédez sans doute ce talent ? — Je suis bien faible encore.— Serait-il indiscret de vous demander à visiter votre porte - feuille ? —Point du tout, je n'ai jamais eu de prétentions; par cette raison, je ne dois pas craindre de faire connaître mon peu d'avancement : Je suppose, au surplus, que vous voudrez bien être indulgent, il n'y a que

six

six mois que je *crayonne*. J'exa-
minai le porte-feuille, et trouvai
des dessins charmans; une grande
feuille était toujours restée en ar-
rière, et sans paraître y mettre
d'intention, Amélie l'avait avec
soin soustraite à mes regards. Je
lui demandai à la voir. — Ne me
pressez pas sur ce point. J'insistai,
nouveau refus ; elle se défendit.
Cette petite dispute nous avait fait
oublier notre retenue : j'osai la
prier plus tendrement ; et en ba-
dinant, j'écartais ses mains, et
cherchais à m'emparer du mystérieux dessin ; enfin il lui échappe,
elle jette un cri et rougit... La
figure d'un jeune homme de mon
âge se présente à ma vue ; un mouvement inconnu se manifeste en

moi ; mes yeux se portent sur
Amélie, et mes regards semblent
l'interroger, je vois son trouble :
Pardonnez, mademoiselle, mon
indiscrétion, ces portraits vous
offrent sans doute les traits d'une
personne qui vous est chère ; mais
croyez bien que mon silence...,
— Ce portrait ne ressemble à personne ; car il est fait d'imagination. — Cependant l'importance
que vous paraissez mettre, ... —
Me détermine à vous faire connaître la vérité. Oui, cette tête est
d'idée ; sachant de bonne-heure
que mon cœur et ma main ne
m'appartenaient plus, qu'un ser-
ment sacré unissait mon sort à celui qui devait venger ma famille,
j'avais cherché à me le représen-

ter; c'est vous, monsieur, que j'avais essayé de tracer; ce sont les traits que mon imagination vous prêtait. C'est en regardant cette ébauche que je m'habituais à vous aimer, à vous considérer comme celui qui devait faire mon bonheur, en me rendant heureuse, et assurer à mon père, par son courage et son zèle, une vieillesse fortunée, en lui rendant une épouse chérie, et à moi une mère que je n'ai point connue. — Aimable Amélie, m'écriai-je en tombant à ses genoux, oui, je ferai votre bonheur, celui de votre père, tous trois nous serons heureux. Je braverai tous les périls, les dangers, et reviendrai triomphant; rien n'est impossible à ce

lui qui, comme moi, peut se dire,
Amélie m'aime ! J'avais pris une
de ses mains que je couvrais de
baisers, la plus douce ivresse vint
remplacer la froide contrainte.
Quel moment délicieux que celui
où pour la première fois on s'a-
voue ses mutuels sentimens, où
le cœur s'épanche dans le sein de
l'amitié ; c'est un geste, un sou-
rire, un mot, un rien qui nous
charme. Malheur au cœur muet à
ces scènes délicieuses, à ces élans
du sentiment !

Vous m'avez flatté, dis-je à
Amélie, en regardant de nouveau
le portrait. Je puis réparer ce malheur, ajouta-t-elle en souriant,
si vous voulez vous fier à mes
crayons. — Ah ! de tout mon

cœur, mais à une condition, c'est que vous aurez pour moi la même complaisance. — Eh bien ! nous prendrons jour. — Pourquoi reculer cet instant délicieux ? au moment même je veux... — Non, monsieur, c'est moi qui doit commencer par terminer mon ouvrage. — Soit, achevez-le, et moi je vais commencer le mien.

Je pris place, Amélie à quelques pas de moi, et bientôt chacun de nous fut ensemble au même instant peintre et modèle. L'amour conduisait nos crayons ; le travail avançait, et les ressemblances devenaient parfaites, lorsque M. Dalville envoya sa voiture avec invitation à sa fille de venir le rejoindre dans la maison où il se trouvait retenu pour dîner ; il la chargeait de me prévenir qu'il rentrerait à onze heures, et qu'il m'attendrait.

Il fallut vous quitter ; un baiser fut le dédommagement de la peine que notre séparation me causait ; je partis, l'image d'Amélie gravée dans mon cœur, et je dois l'avouer, Belval gravé de même dans celui d'Amélie.

CHAPITRE III.

L'incendie.

LE navire qui, les voiles également gonflées, fend rapidement la plaine liquide, et dont le haut des mats est doré par les brûlans rayons du soleil, est loin de s'attendre que dans quelques heures, il deviendra la proie des flots, et que battu par une affreuse tempête, il ira se briser sur les flancs d'un noir rocher.

C'est ainsi que je me trouvais heureux, sans songer que l'instant d'après mon bonheur pouvait avoir disparu; Amélie ré-

pondait à mes feux , partageait
mes sentimens , M. Dalville paraissait m'estimer, des dangers
que j'avais à courir n'étaient rien
à mes yeux. Que j'étais loin de
prévoir alors les affreuses découvertes qui me restaient à faire;
que j'étais loin de penser qu'un
criminel jusqu'alors invisible.
Mais n'anticipons pas sur des
événemens, bientôt ils prendront
un caractère sérieux et terrible.

Ce n'était qu'à onze heures que
M. Dalville devait rentrer, jusqu'à ce moment j'étais libre, l'absence d'Amélie augmentait encore mon ennui; moi, qui quelques jours avant ne la connaissait
pas , son éloignement me faisait

déjà éprouver un vide difficile à remplir.

Pour passer le tems, j'allai au théâtre Français : on donnait Mahomet ; les idées d'un amant sont tellement remplies de son amour, que tout ce qu'il voit et entend, semble peindre sa situation ; la tendre Palmire m'offrait mon Amélie, et je croyais me reconnaître dans Seïde, brûlant d'amour et destinée à accomplir les desseins du farouche Mahomet : comme lui, je devais servir la vengeance de M. Dalville ; comme lui Amélie était le prix de ma soumission à ses ordres suprêmes : heureusement je n'avais pas à craindre une certaine fraternité qui vient porter l'horreur et l'é-

pouvante dans l'âme du spec-
tateur, et finit par ensanglanter
la scène.

La petite pièce jouée entièrement par les *doubles*, la chaleur
étouffante qui régnait dans la
salle, tout contribua à me faire
sortir après la tragédie. Je ren-
trais tranquillement, lorsque les
cris, *au feu, au feu*, se font
entendre ; je lève les yeux, et des
tourbillons de flâmes et de fu-
mée paraissent sortir d'une chambre située au haut d'une maison ;
plusieurs voisins sont attroupés,
et aucun d'eux ne se décide à pénétrer dans le gouffre enflammé ;
je me saisis d'une pièce de bois ;
je monte, et à coups redoublés
j'enfonce une porte qui bientôt

cède à mes efforts ; un instant je
suis suffoqué, mais reprenant ha-
leine, je pénètre dans la chambre, les flammes se portaient et
commençaient à atteindre les ri-
deaux d'une alcove ; je m'y pré-
cipite pour en empêcher les pro-
grès : mais que devins je , lorsqu'à la lueur fournie par l'incendie , j'apperçois une jeune personne, sans aucun mouvement ;
je la prends dans mes bras et
l'emporte.

. . . . Dans le simple appareil

D'une beauté qu'on vient d'arracher au sommeil.

Et chargé de ce précieux far-
deau, je gagne, non sans périls,
l'escalier. A peine y suis-je parvenu que le plancher de la chambre que je viens de quitter, s'é-

croule avec fracas ; les pompiers
arivèrent, et dès ce moment je
ne m'occupai plus que de ma
belle inconnue : aidé de quelques
voisins, je lui donnai tous les se-
cours possibles, et je parvins enfin à la rappeller à la vie.

Ses yeux se portaient avec étonnement sur-tout ce qui l'entou-
rait ; peu-à-peu ses esprits revin-
rent, on me nomma son sauveur,
un regard fut ma récompense ; je
lui demandai si elle se sentait en
état de supporter une voiture ,
et où elle voulait se faire conduire. Ma question parut la trou-
bler ; elle me répondit en rou-
gissant , qu'elle ne connaissait
personne à Paris ; je lui offris un
logement dans une maison gar-
nie ,

nie , dont le maître m'était connu ,
et de l'honnête duquel je répon-
dais ; pour ôter prise à la médi-
sance , je me nommai , et déclarai
qu'une fois cette infortunée dans
sa nouvelle demeure , elle deve-
nait entièrement sa maîtresse ; ma
franchise sembla plaire , et tout
le monde applaudit à mon projet :
on prêta divers vêtemens , on fit
approcher un fiacre , et j'ordonnai
de nous conduire rue Poupée ,
nᵒ. 17.

Le premier mouvement d'effroi
passé , les pleurs vinrent inonder
les beaux yeux de mon affligée ;
je voulus , mais envain la consoler , elle venait de perdre tout son
avoir , toute sa fortune , tout.....

Tome. 1.   E

jusqu'au métier qui servait à lui procurer son existence.

Nous arrivons, je l'installe, non sans résistance de sa part; mais hélas ! elle était sans ressource; pourquoi n'aurait – elle point accepté mes offres ? J'ordonnai à l'hôte, M. Dumont, d'avoir tous les égards possibles pour sa locataire, et d'envoyer le lendemain matin chez moi, un commissionnaire sûr, auquel je pusse me fier.

Je l'avoue à ma honte, Amélie ne s'était pas présentée une seule fois à ma mémoire pendant tout cet intervalle; la jolie figure de mon Adèle, son grand œil noir, sa longue chevelure, la blancheur de sa peau; des charmes que la

fureur des flàmes n'avait pu m'empêcher d'appercevoir , m'occu-
paient tout entier, l'amour dé-
licat, honnête, qui fait les dé-
lices de la vie, me portait vers
Amélie; les desirs, l'amour brûlant m'entraînaient vers Adèle.

Onze heures sonnent, le rendez-vous de M. Dalville m'appelle, je me hâte de rentrer ;
Amélie était près de lui, la conversation fut générale pendant
quelques instans ; j'avais besoin
de voir mademoiselle Dalville,
de l'entendre pour me rendre à
moi-même ; son langage était si
expressif, sa physionomie si douce , qu'on ne pouvait l'écouter
sans éprouver un plaisir difficile
à exprimer ; elle nous donna le

E 2

bon soir, et se retira: M. Dalville
après avoir pris les mêmes précautions que la veille, continua
ainsi sa narration.

« Nous avions donc la certitude que John était le ravisseur
de ma malheureuse épouse; nous
quittâmes l'Amérique, et pas-
sâmes en France: aussitôt après
notre débarquement, nos recherches commencèrent; mais
hélas elles furent toutes infruc-
tueuses, plusieurs fois nous crû-
mes avoir découvert ses traces,
mais bientôt nous étions plongés
dans un nouveau labyrinthe; nous
avions acquis la certitude que Buwortz était en France, mais il
nous fut impossible de le découvrir; il justifiait la dernière phrase

de sa lettre, il était *invisible*.

» Plusieurs années s'étaient écoulées, une partie de ma fortune s'était dissipée en voyage et autres frais nécessaires à nos recherches; Amélie grandissait, et je n'osais l'abandonner; vous étiez alors près de votre mère, la place de votre père exigeait sa présence à Paris; il voulait en outre donner lui-même des soins à votre éducation: ces différens motifs nous décidèrent à suspendre nos recherches. « John Buwortz, me dit votre père, voyant que nous renonçons à la découvrir (car je suis persuadé que quelqu'agent fidèle l'instruit de nos démarches), apportera moins de soins à se cacher; nous pouvons con-

server un émissaire sûr, chargé
de continuer nos poursuites, et
de nous instruire de tout ce qu'il
pourra apprendre; encore quelques années, et mon fils sera en
état de vous offrir un vengeur;
c'est à lui à vous rendre une
épouse chérie, une mère à Amélie; je réclame cet honneur; il
ira laver dans le sang de l'infâme
Buwortz, l'injure faite à votre famille; s'il revient triomphant,
qu'Amélie soit sa récompense,
que leur union resserre les liens
de notre amitié, et que leur bonheur nous prépare des jours de félicité: c'est ainsi que parla votre
père; je souscrivis à son projet,
et dès ce moment un domestique
attaché depuis long-tems à mon

ami, resta seul chargé de nos intérêts. Depuis ce tems, je vous
l'ai dit, les troubles publics ont
empêchés que notre projet reçût
son exécution. Aujourd'hui un
heureux hasard nous réunit ; en
vous voyant mon espoir renaît,
hâtez-vous de justifier mes espérances, de ramener vers moi,
une épouse chérie et malheureuse,
de rendre la paix et le bonheur à
ma vieillesse ; enfin de mériter
Amélie ».

Ici finit le récit de M. Dalville ;
les larmes qu'il avait versées en
le faisant, m'avaient vivement
ému ; j'étais attendri, je sentais
couler mes pleurs. — Bien, mon
ami, bien, laissez-les couler, ils
font votre éloge ; vous êtes sensi-

ble, Amélie sera heureuse. — Mais
comment dois-je m'y prendre ?
quels indices suivre ? — M. Dalville me remit divers papiers : ce
sont, me dit-il, des renseignemens bien précieux ; je vous don-
nerai en outre des instructions
détaillées ; le dernier avis qui
m'est parvenu, et il y a de cela
à-peu-près quinze jours, m'an-
nonçait que John avait été vu à
Lyon ; c'est delà que vos recherches doivent commencer. —
Nous nous quittâmes après que
je lui eu promis que sous quelques jours je commencerais mes
perquisitions.

Un seul instant suffit pour
changer la destinée. Peu de jours
avant, j'étais libre, mon cœur

n'était agité par aucun sentiment : mes plaisirs et quelques études formaient ma seule occupation ; aujourd'hui amant passionné d'Amélie, brûlant de desirs pour la jolie Adèle, chargé d'un projet dont la réussite peut assurer le bonheur de ma vie : telle est ma position.

M. Dumont, le maître de l'hôtel garni dans lequel j'avais logé Adèle, m'envoya comme je le lui avais recommandé, un commissionnaire ; je lui donnai l'ordre d'acheter des vêtemens de femme, du linge, etc, et de porter le tout à Adèle avant son réveil ; je joignais à cet envoi dix louis, et un billet ainsi conçu :

« Que l'aimable Adèle ne s'offen-

» se pas de ce que j'ose faire pour
» elle ; le plus bel appanage de la
» fortune est de pouvoir secourir
» ceux que des malheurs viennent
» accabler ; inconnue dans Paris,
» daignera - t - elle me regarder
» comme son ami, et en cette qua-
» lité me rendre le dépositaire
» de ses peines et de ses chagrins,
» trop heureux si je puis lui offrir
» quelques consolations, et lui
» être utile. Je m'engage moi-
» même à déjeûner chez elle :
» c'est beaucoup compter sur sa
» complaisance ; mais que ne
» peut-on pas attendre de son
» aimable sexe ?

» ALEXIS BELVAL. »

Le commissionnaire partit fit

diligence, et mes ordres furent ponctuellement exécutés. J'écrivis à mon père, je lui rendis compte de ma rencontre avec M. Dalville, du récit qu'il m'avait fait, de ses malheurs et de l'intention où j'étais de me mettre de suite à la poursuite de John; je finissais en le priant de me répondre poste restante à Lyon, où j'espérais être sous quinzaine.

Je sortis pour me rendre chez Adèle; elle venait de recevoir mon envoi..... Combien elle me parut jolie! Que la reconnaissance embellissait ses traits!... A ma vue ses beaux yeux se remplirent de larmes; elle me prodigua tous les noms que l'amitié peut inspirer, et me supplia de reprendre mes dons. — Eh quoi! vous me refusez? — Je ne puis accepter. — L'amitié n'aurait-elle aucun droit sur votre cœur? — Elle les a tous. — Et vous rejettez mes dons! C'est bien mal me le prouver; je ne reclame que le plaisir de vous être utile; laissez-moi, vous soustraire à la misère et réparer la rigueur de votre sort. Enfin je la déterminai à accepter ce que je lui avais envoyé: nous déjeunâmes; je brûlais de savoir comment elle se trouvait à Paris, si elle était libre. Malgré ma curiosité, je n'osais faire des questions, qui peut-être allaient lui déplaire: de son côté, elle paraissait gênée; elle semblait vouloir

loir me faire un aveu ; plus je lui
témoignais d'amitié, plus son
embarras augmentait... Je voyais
son trouble, je pris place à ses
côtés, la pressai tendrement de
ne me rien cacher ; ses larmes cou-
lèrent en abondance, et j'obtins
enfin l'aveu de son secret.

Adèle était orpheline ; une madame Pilloy de Toulouze avait
pris soin de son enfance, depuis
l'âge de trois mois elle était entre ses mains. Les auteurs de sa
naissance lui étaient entièrement
inconnus, et madame Pilloy avait
conservé un silence absolu à cet
égard ; il y avait six mois qu'un
jeune homme se disant de Paris
lui avait fait à Toulouse une
cour assidue ; Adèle, jeune, sans

Tome I,   F

expérience , croyant tous les
cœurs aussi vertueux que le sien,
s'était abandonnée aux conseils
de son perfide amant ; enfin elle
fut séduite , enlevée des mains
de sa bienfaitrice , amenée à Paris , et bientôt abandonnée par
son ravisseur , dont trop tard elle
avait connue la perfidie...... Depuis trois mois n'osant pas ré-
tourner à Toulouze , elle vivait
du produit de son travail, et par
son assiduité , son repentir , elle
tâchait d'effacer sa faute, et de
se pardonner à elle-même.......
Une imprudence , une lumière
laissée près de son lit , venait
de la plonger dans de nouveaux
malheurs, et de la réduire à une
indigence totale..... Combien je

me trouvais heureux d'être celui qui allait l'arracher à cette affreuse situation ! La sincérité de son récit, et la preuve de confiance qu'elle venait de me donner, augmentèrent encore mes sentimens pour elle : je la priai de se tranquilliser ; je m'engageai à lui procurer une existence honnête, et à faire tous mes efforts pour la reconcilier avec madame Pilloy sa bienfaitrice ; je la quittai voulant de suite m'occuper d'elle.

De retour chez M. Dalville, je racontai mon aventure de la veille, l'histoire d'Adèle ; je la peignis jeune, sans soutien, et en butte à tous les malheurs qui s'attachent à la pauvreté : ce que j'avais pensé arriva , M. Dalville et Amélie furent émus à mon récit , et d'un commun accord , on décida de prendre Adèle. Ce sera une compagne pour ma fille. — Ce sera mon amie, dit Amélie. Le vieux Bertrand fut envoyé en ambassade , et quelques instans après revint avec ma protégée. A sa vue Amélie rougit et me fixa ; mon air d'indifférence la rassura ; M. Dalville lui recommanda de ne jamais se fier aux propos qu'on pourrait lui tenir, aux promesses qu'on pourrait lui faire , et la pria de le regarder comme son père , lui promettant de faire son possible pour la reconcilier avec celle qui avait pris soin de ses premières années.

Je me trouvais heureux ! Tout
ce qui m'était cher était réuni ;
mais les préparatifs de mon
voyage s'avançaient, enfin ils se
terminent ; je suis munis de nombre de renseignemenss, du signa-
lement de John, et de celui de
madame Dalville, de passeports
bien en règle de lettres de
recommandation pour toutes les
villes où je pourrais me trouver,
et j'emporte de l'or plein la caisse
de ma chaise de poste.

Je n'avais plus qu'une nuit à
rester dans cette maison, où mon
sort avait tellement changé......
Une nuit seulement !..... et j'a-
vais bien des desirs...... Je sou-
pai chez M. Dalville ; on s'ef-
força d'être gai, mais inutile-

ment, le motif de mon voyage rappelait des souvenirs trop pénibles à l'époux de mademoiselle de Saint-Ange! Amélie songeait à notre séparation, dont on ne pouvait calculer la durée, et à sa mère!.... Adèle, la bonne, l'aimable Adèle, participait aux chagrins de ses hôtes, et pensait à moi..... Le repas se prolongea fort avant dans la nuit; il semblait qu'on craignait de se séparer; M. Dalville me donna de sages conseils, m'engagea sur-tout à ne point me dégoûter par les premiers obstacles, et m'embrassa. Je vous quitte; je ne me sens pas bien; il se fait tard, les chevaux sont demandés pour quatre heures; vous n'au-

rez pas le tems de prendre du
repos. Adieu, mon ami, adieu,
que la première fois que nous
nous trouverons réunis, il y ait
quelqu'un de plus... Quelqu'un...
Adieu. Amélie, vous allez me
suivre; je volai dans ses bras, un
baiser brûlant, un instant de silence, telle fut notre séparation.
Ames corrompues, vous êtes in-
capables de sentir tout le prix
d'un pareil moment!

Je restai seul avec Adèle; je
lui offris la main pour monter
chez elle. Mon adieu avec Amélie lui donnait un petit air bou-
deur qui la rendait plus jolie:
l'idée d'une séparation, peut-être
longue, réveillait mes desirs; je
tenais sa main que je couvrais

de baisers. Arrivé à sa chambre, je lui demandai la permission d'entrer, et avant sa réponse, j'étais au fond de l'appartement, je la pressais sur mon cœur, et l'accablais de mes caresses; ma tête était exhallée, je ne connaissais plus de frein; la bienséance, l'honneur, mon amour pour Amélie, tout avait disparu devant mes desirs; Adèle elle-même n'était pas tranquille, ses sens étaient émus, et à peine pouvait-elle se dérober à mes regards curieux et à mes tentatives. L'instant était arrivé où elle devait combler tous mes desirs, où nos âmes réunies devaient brûler du même feu, lorsque frappée comme d'une inspira-

tion céleste, elle s'écria : Que
voulez-vous obtenir de moi,
Alexis, est-ce mon protecteur,
mon généreux bienfaiteur qui
veut me faire commettre une seconde fois, une faute que je
pleurerai toute ma vie. Ah ! au
nom de ces sentimens que vous
avez su réveiller en mon cœur,
au nom de l'honneur, au nom
d'Amélie, n'abusez pas de ma
faiblesse, ne vous rendez pas
indigne de l'amie vertueuse qui
vous est destinée, par une bas-
sesse qui ferait notre malheur à
tous.

Elle pouvait parler encore long-
tems ; le nom d'Amélie avait tellement glacé mes sens, que j'é-
tais comme terrifié, et dans l'im-

possibilité de lui répondre. — Oh!
pardon! pardon! le bandeau de
l'erreur que votre beauté avait
placé sur ma vue est déchiré ; je
ne vois plus en vous que celle qui
a daigné me confier ses malheurs,
que celle que M. Dalville pro-
tège, que la compagne d'Amélie;
oubliez mon inconséquence, et
que cet écart du cœur ne me
prive pas de votre amitié, me
le promettez-vous ? — Je vous le
promets. — Je n'ai donc point
perdu votre estime ? — Vous
l'avez plus que jamais. — Et je
serai toujours votre ami, votre
véritable ami ? — Pour la vie. —
Point de détours avec moi ; la
vérité, toujours la vérité ; peines,
plaisirs , que je sache tout. —

Oui, tout. — Un baiser ! mais non pas un baiser d'amour, un baiser d'amitié. — Je vous l'accorde.

Je l'embrassai ; au même instant on frappe à coups redoublés à la porte-cochère, une double roue passe sous la voûte ; le fouet du postillon fend l'air, quatre heures sonnent, il faut partir ; je fais un dernier effort, et m'arrache de ses bras ; je descends, je suis dans la voiture, je vais partir..... A travers le crépuscule, j'entrevois quelqu'un qui s'approche avec précaution ; je m'avance ; dieux ! Amélie à demie vêtue ; je veux lui parler, une de ses mains m'impose silence ; et l'autre me remet un écrit ; je sai-

sis la main qui me le présente,
je la baise, je fais un mouvement
pour m'élancer hors de la chaise,
j'embrasse Amélie, ma lèvre re-
cueille une larme qui s'échappe
de ses yeux. Amélie!.... m'é-
criai-je ; le mot n'est pas pronon-
cé, qu'elle a disparu. Adieu!....
L'écho seul répète, adieu.

Je pars, le jour paraît, j'ouvre l'écrin, le portrait d'Amélie
et une tresse de ses cheveux,
voilà ce qu'il renferme ; c'est un
trésor pour moi, je les presse sur
mon cœur, mon imagination se
promène dans des idées de bonheur ; je me trouve heureux, les
chevaux brûlent le pavé ; je suis
déjà loin, et mon cœur est encore à Paris.

CHAPITRE IV.

CHAPITRE IV.

Le Criminel invisible.

IL est parti; l'amour et l'amitié ont cédé devant le devoir; il a eu la force de s'arracher des bras de son amante pour voler où l'honneur l'appelle.

Enfin ce criminel attendu peut-être avec impatience, va paraître en scène, les événemens de tous genres vont s'accumuler sur la tête de l'infortuné Alexis Belval; tous nos personnages vont agir à la fois, et chacun avec une intention distincte. Puisse cette

Tome I. G

lutte des passions se terminer par le triomphe de la vertu !

Pour mieux faire connaître le caractère de chaque personnage, afin de pouvoir pour ainsi dire les faire parler tous ensemble, nous nous sommes contenté de mettre en ordre les lettres que l'on va lire, nous réservant de reprendre la narration ausitôt que les circonstances le permettront. Le n°. 1 nous offre la lettre suivante :

ALEXIS BELVAL à Monsieur DALVILLE.

Je suis à Lyon, cette ville à jamais célèbre par son com-

merce, ses richesses et ses malheurs; mon voyage n'a rien offert
de remarquable, des postillons
ivrognes, des chevaux éclopés,
des auberges pitoyables, voilà
ce que j'ai rencontré, et certes il
n'y a rien là de nouveau.

— J'ai cru devoir m'établir ici le
plus secrettement possible; je me
suis logé dans un quartier retiré,
et je ne me fais connaître que
sous mon prénom d'*Alexis* :
soyez persuadé que je n'épar-
gnerai rien pour mériter la confiance que vous m'avez accordé,
et me rendre digne de la récompense.

Mon premier soin a été de me
transporter à la poste, où j'ai
trouvé une lettre de mon père;

avec quel plaisir il a reçu de vos nouvelles ! Si vous saviez combien il m'engage à faire tous mes efforts pour vous être utile ! Il m'annoncee qu'il vient de vous écrire ; cela doit vous suffire : sa lettre vous fera connaître mieux que je ne pourrais le faire, ses sentimens pour vous.

Je ne vous parle pas d'Amélie, puisque j'use de la permission que vous nous avez donnée de correspondre ensemble ; sous ce pli est une lettre pour elle.

Lyon et tous ses plaisirs ne sont qu'un tombeau pour moi ; je ne pourrais y rester vingt-quatre heures sans l'idée que je vous suis utile ; mais ce motif vient m'aider à supporter un exil qui me tient éloigné de tout ce qui m'est cher.

J'ai l'honneur, etc. ALEXIS.

~~~~~~~~~~~~~~~~~~~~

ALEXIS à Mad^{elle}. AMÉLIE DALVILLE.

JE suis donc séparé de vous, Amélie !... Le bonheur de jouir à chaque instant de votre vue, m'est donc ravi ; avec quelle ivresse j'ai reconnu le présent que votre amitié a daigné me faire ! quel plaisir j'ai éprouvé lorsque je me suis vu possesseur de votre portrait , d'une tresse de vos cheveux ! alors seulement, je me suis trouvé véritablement heureux.
~~~~~~~~~~~~~~~~~~~~

C'est votre image pressée sur mon cœur que je vous écris.... Amélie, combien vous m'êtes chère ! combien votre absence, mon éloignement me font sentir l'amour que j'ai pour vous ! Infâme Buwortz, toi seul es cause de tous mes maux, toi seul es cause de notre séparation.

Je n'ai encore obtenu aucun renseignement sur lui ; avec quelle activité je vais le poursuivre, puisque cela seul peut hâter le moment qui me reverra près de vous !

Adieu, aimable Amélie ; que cet heureux billet soit un instant posé sur votre cœur, que vos beaux yeux se reposent sur ce papier, et je serai heureux. Ah !

que ne peut-il vous porter des preuves plus certaines de l'amour de votre ami ?   ALEXIS.

BELVAL père, à JOHN BEWORTZ, à Lyon.

« QU'AVEZ-VOUS fait maudit imbécille ! Comment gagnez-vous la pension que je vous fais, et à quoi passssez-vous votre tems ? D'après vos rapports que Dalville était mort et sa fille disparue, j'éloigne de moi mon fils ; je l'envoie à Paris, et je vous charge de faire surveiller sa conduite ; je crois pouvoir jouir un instant de ma tranquillité, et me livrer sans obstacle, sans crainte

à la passion qui me domine.
Quelle est ma fureur ! ma surprise, en apprenant tout-à-la-fois
et la résurrection de Dalville et
sa liaison avec Alexis : j'apprends
plus, il a dévoilé ses secrets à mon
fils, et déjà on est sur vos traces.

Il n'y a pas un instant à perdre : quittez Lyon, changez de
domicile, retournez même en
Amérique ; mais sur-tout prenez
garde d'être découvert.

L'objet de tous mes soins est
maintenant dans ma maison de....
près de Caën ; c'est-là qu'entiè-
ment persuadé de l'extinction de
sa famille, elle commence à s'en
consoler. Peut-être pourrai-je enfin triompher de son incroyable
et étonnante résistance. Adieu ;

si d'après cet avis, vous tombez entre les mains de nos ennemis, vous êtes le plus sot de tous les hommes.

BELVAL père.

P. S. Ci-joint des lettres-de-change payables sur différentes places, pour vous mettre à même de parer à tous incidens : je suis en vérité trop bon à votre égard.

<hr>

Le même au même.

QUE signifient les questions que vous m'adressez ? Mon amour, ma passion pour madame Dalville devraient s'évanouir, dites-vous, devant sa ferme résistance.

Quel est donc votre caractère ? Ne savez-vous donc pas que le desir naît de la difficulté, que plus on rencontre d'obstacle, plus on brûle de les surmonter? Vous me demandez aussi , et j'ignore quel est votre dessein , que je rappelle à votre mémoire les principaux événemens de ma liaison avec madame Dalville. Pourquoi cette question ? Tout est connu de vous ; un seul mot d'ailleurs pourrait être ma réponse : je vous paie , je dois être obéi; point d'explications..... mais ma faiblesse pour vous est telle , vous avez su prendre un tel ascendant sur moi , que je vais vous satisfaire.

Dalville et moi, à la suite d'une

aventure assez singulière , fîmes connaissance de mademoiselle de Saint-Ange et de Sérigny ; il épousa la première ; Sérigny devint mon épouse : peu de tems après notre union , je m'apperçus que je m'étais trompé dans mon choix ; l'épouse de Dalville captivait mon cœur, ma femme n'excitait que mon indifférence. Je tâchai d'étouffer ce premier mouvement d'un amour qui devait rencontrer de si grands obstacles; la naissance de mon fils calma un instant ma passion ; mais le feu qui me consumait ne parut s'éteindre un moment que pour reparaître avec plus de force; à l'époque de mon voyage en Amérique, dans lequel Dalville et son épouse nous accompagnèrent ; il ne m'était plus possible de me contraindre, je ne pouvais voir plus long-tems Dalville heureux possesseur de tant de charmes, leur bonheur était un supplice pour moi ; chaque caresse, chaque marque d'estime étaient autant de coups de poignards qui me perçaient le cœur ; je hasardai une déclaration, elle fut reçu avec horreur, et de manière à m'ôter toute espérance de me faire écouter.

Dès cet instant je conçus le projet d'enlèvement que je vous chargeai d'exécuter ; tous les soupçons tombèrent sur vous... Mon apparente amitié, mes regrets, les recherches que moi-même,

même, je parus provoquer ne permirent pas au soupçon de m'atteindre, et Dalville en ce moment me croit encore son ami : pendant ce tems vous étiez près de madame Dalville dans une terre que je possédais en Flandres ; instruit de nos démarches par moi-même, il vous fut facile de vous y soustraire ; je conseillai à Dalville de cesser ses perquisitions, il y consentit ; mes occupations, l'éducation de mon fils, tout me rappellait chez moi, et m'empêchait de me rendre près de ma captive ; une maladie de mon épouse, maladie qui la conduisit au tombeau, me rendit libre ; je volai près de vous : c'est alors seulement que madame Dalville apprit que c'était moi qui l'avait fait enlever, que vous John , dont la conduite et le respect avaient lieu de la surprendre , n'étiez que l'agent de mes plaisirs et de mes volontés.

Je touchais au moment de recueillir le prix de tant de soins ; vous m'annonçâtes la mort de Dalville , le sort de sa fille devait être le même ; alors je forçais la belle veuve à recevoir ma main , et je devenais son époux, et possesseur d'une fortune immense ... jugez de ma surprise , de mon indignation , en apprenant les dernières nouvelles. Cependant je ne perds pas courage , Dalville n'est point immortel , et dans tous les cas , vous êtes à mon service.

Je suis entré sans le vouloir dans des détails inutiles, puisque plusieurs étaient déjà connus de vous; mais je vous ai satisfait, et cela vous rappellera tous les dangers que j'ai couru, les peines que j'ai supportées, pour me rendre possesseur de madame Dalville, et vous fera sentir combien il serait affreux pour moi de perdre en un seul instant le fruit de quinze années de soins et d'attente.

J'écris à Dalville ; quelques fausses confidences, de faux renseignemens, voilà les moyens que j'emploierai près de lui. Quant à vous, j'ai réfléchi, et en cas que je sois obligé de faire faire un nouveau voyage à la belle, il est nécessaire que vous vous rendiez près de moi ; sur-tout du mys-tère ; un voile impénétrable doit envelopper toutes nos actions.

Que votre première soit datée de tout autre lieu que Lyon , je tremble de vous savoir dans la même ville que mon fils.

BELVAL.

Alexis à son ami Derville, à Paris.

Tu as raison , mon ami, de te plaindre de mon silence depuis mon séjour à Lyon , je ne t'ai écrit qu'une seule fois, et encore rien de bien intéressant. Que veux-tu ? des occupations sans nombre, quelques plaisirs pris seulement pour me distraire, voilà ma vie ; mais aujourd'hui j'ai du nouveau, je vais te dédommager amplement de mon long silence, car je t'écris un volume : prêtes-moi toute ton attention ; je commence ma narration.

Depuis un moi je suis ici ; tu connais le motif qui m'y a conduit ; malgré toutes mes informations, les mesures que j'avais prises, mon ennemi (je dis *mon*, car celui de la famille Dalville est le mien). Mon ennemi, dis-je, n'avait point encore paru, et aucuns renseignemens ne m'instruisaient de sa conduite.

Forcé d'attendre, je cherchai

par quelques plasirs à dissiper
mon ennui, les spectacles et les
fêtes publiques attiraient tour-à-
tour mes regards ; là, j'oubliais
un instant le malheur d'être séparé de mon Amélie : j'étais au
grand théâtre, placé très-incom-
modément au parterre, une jolie
brune de vingt-cinq ans à-peu-
près, à l'œil vif, d'une mise élé-
gante, occupait à elle seule une
loge. Ma mauvaise place, et peut-
être l'envie de voir de plus près
celle que déjà je regardais comme
ma conquête, me firent prendre
un billet de première, et j'allai
m'installer près d'elle ; d'abord
des mots sans intérêt, ensuite des
phrases assez froides, et bientôt
un entretien assez animé, et tel

qu'à la fin du spectacle ; elle me
permit de la reconduire jusqu'à
sa porte : rendez-vous pour le
lendemain, alors plus de fami-
liarité dans mes discours ; j'insistai pour obtenir la permission de
me présenter chez elle, et pour
savoir si elle était maîtresse de
ses volontés ; à travers quelques
phrases ambigues, quelques détours, je découvris que ma belle
était entretenue par un étranger
assez riche, mais tellement occupé qu'il ne la voyait que rarement. Devinant que sa vertu
n'était pas farouche, je proposai
à madame Rainville (c'est ainsi
qu'elle se faisait nommer) d'accepter à déjeûner chez moi pour
le lendemain. Ma proposition fut

trouvée indiscrète, malhonnête, ...
et cependant finie par être ac-
ceptée ; je la possédai donc dans
mon réduit , tu penses que cela
ne fut pas inutilement ; la friponne
se doutait bien qu'elle ne vien-
drait pas en vain : un charmant
négligé , certain air de mystère
semblaient augmenter mes desirs ;
je fus satisfait.... Depuis quinze
jours je passais la moitié de mon
tems dans les bras de la belle ,
savante dans l'art de plaire ; elle
m'offrait chaque jour de nouveaux plaisirs ; son *Monsieur* ,
c'est ainsi qu'elle le nommait,
nous laissait parfaitement tranquille ; nous jouissions sans bruit
et en silence..... Un mot, un
seul mot vint me tirer du som-

meil voluptueux qui s'était emparé de mes sens, et me rappeller, au même instant à moi-même, et aux devoirs que j'avais à remplir.

Dans un amoureux débat, nous plaisantions sur la sécurité de son amant : je voulais savoir si j'étais le premier qui la rendit infidèle, elle m'assura que cela était la vérité ; je faisais quelques difficultés de la croire ; je te promets, Alexis, me dit-elle, que tu es le premier qui balance dans mon cœur l'amitié que j'ai pour John Buwortz. — John Buwortz, m'écriai-je, en m'arrachant de ses bras, et parcourant la chambre comme un insensé. John Buwortz est votre amant ! — Oui, sans

doute ; mais d'où le connais-tu ?
— Le traître ! — Que signifie ce
discours ? — Eh ! je m'abandonne
à celle qu'il prostitue ? — Mais
qu'as-tu donc ? — Retirez-vous,
madame. — Mais, Alexis, je ne
comprends pas ? — Dites à John
que madame Dalville a un vengeur —Madame Dalville?—Oui,
et que Belval saura réparer sa né-
gligence. — Belval ! s'écrie-t-elle
à son tour, avec les marques du
plus grand effroi, nous sommes
perdus ! En disant ces mots, elle
m'échappe avec une promptitude
inconcevable : je cours à mon
secrétaire, je prends mes pis-
tolets, mes papiers, de l'argent,
et vole à sa poursuite ; je dirige
mes pas vers sa demeure; j'arrive,

elle n'est pas rentrée; j'attends;
elle ne paraît pas; j'apprends que
souvent elle se fait conduire près
de la placé Belcourt; je ne doute
point que ce soit là la demeure de
John; j'y coure, mais le tems que
j'avais mis à l'attendre, m'avait
porté le plus grand préjudice: en
arrivant à l'endroit indiqué, j'apperçois une chaise de poste fuyant
au grand galop: je crie, mais
inutillement; je cours à la poste,
et demande la destination de la
chaise qui vient de partir. — A
Avignon, me répond-on; vîte des
chevaux; je monte, je passe chez
moi, je prends ma malle, mon
argent, et me voilà sur la route.
Nous arrivons, Buwortz m'a précédé d'une heure, et déjà il est

de nouveau soustrait à mes recherches ; mais j'ai pris de nouvelles mesures qui doivent me
réussir, et j'espère avant peu ,
qu'il sera en mon pouvoir.

J'ai toujours acquis la certitude
que madame Dalville n'est point
avec lui ; où est-elle ? Voilà le
sujet de toutes mes recherches :
si j'avais pu modérer ma viva-
cité , j'aurais peut-être arraché de
sa compagne des aveux bien im-
portans ; mais l'idée de me voir
dans les bras de celle qui captive
un tel monstre, m'a tellement ré-
volté que je n'ai pas été maître de
mon premier mouvement.

J'écris à M. Dalville tous ces
événemens , en retranchant cependant quelques détails que tu
devines ;

devines; ils me feraient trop de honte aux yeux d'Amélie. J'attends sa réponse.

Je suis bien flatté que cette malheureuse aventure te procure la connaissance de M. Dalville ; tu trouveras en lui un homme aimable, franc et loyal, et qui te captivera aisément : hâtes-toi de profiter de son invitation.... Tu verras Amélie, Adèle : heureux fripon, en vérité si je ne connaissais pas ta *froideur*, ta passion pour un être imaginaire que tu m'as toujours laissé ignorer, je ne serais pas du tout tanquille ; je ne me sens pas assez de philosophie pour supporter une infidélité ; que dis-je ? Amélie en est incapable ; en concevoir l'idée,

(102)

c'est l'offenser.... Mais moi !
moi !.... je suis dans le midi.

Ton ami, ALEXIS.

JOHN BUWORTZ à Monsieur
BELVAL.

Mon cher et honoré Monsieur,

Vous aviez bien raison de me
dire qu'il y avait du danger pour
moi ; votre fils est un diable , et
c'est un miracle si j'ai échappé à
ses poursuites.

Il a fait la connaissance de madame Rainville , qui est avec moi;
ils se sont vus plusieurs fois à la
comédie ; la pécore se sera ou-
bliée dans la conversation , et elle

m'a nommé : à peine s'est-elle ap-
perçue de son imprudence, qu'elle
est accourue m'en avertir ; en ce
moment je partais pour un petit
voyage, je n'ai eu que le tems de
dire : Fouette au postillon , et
nous sommes partis au grand
galop. Je ne pense pas que votre
fils nous ait suivi ; je suis à Avignon dans une maison bien re-
retirée ; c'est une nouvelle ac-
quisition que je viens de faire.

Craintes d'imprudences de la
part de madame Rainville, malgré tout l'amour que je ressens
pour elle, je viens de lui louer
un logement à la campagne à deux
lieues de la ville.

Je ne me rendrai à vos ordres

I 2

que lorsque je serai certain de le pouvoir sans danger.

Adieu, monsieur; regardez-moi toujours comme entièrement dévoué à vos ordres, et veuillez me croire,

Votre très-humble serviteur,

J. BUWORTZ.

M. DALVILLE à M. BELVAL Père.

Mon ami,

JE me hâte de vous faire part des succès que votre infatigable fils vient d'obtenir.... Il est introduit chez Buwortz, j'en reçois la nouvelle à l'instant: voici les détails de cet espèce de miracle.

Ma dernière vous a appris que J. Buworlz n'avait échappé à sa poursuite que de quelques instans, et qu'il l'avait suivi à Avignon; là, il était de nouveau devenu invisible: enfin il découvrit la retraite du monstre, et à l'aide d'un déguisement il chercha à s'y introduire. Sans pouvoir y parvenir, désespéré, il ne savait quel moyen employer pour pénétrer près de lui, lorsqu'il apprit que John faisait chercher une jeune fille pour prendre soin de la basse-cour, il séduisit un paysan qui le présenta comme sa fille, et fut accepté.

Jugez de sa joie; son âge et sa

13

jolie figure trompèrent aisément
tous les yeux, et semblent lui assurer le succès.

Il épie tous les pas et les démarches de John ; il écoute ses
discours, rien de certain n'est encore parvenu, mais cela ne peut
tarder ; vingt fois il a été tenté
de se saisir du traître, et de lui
faire avouer le sort de ma malheureuse épouse ; mais la prudence le retient ; un sélérat pareil
est capable de tout ; peut-être
pour obtenir sa liberté ferait-il
de fausses confidences, qui nous
exposeraient à de nouveaux dangers..... Avec de pareils gens,
il vaut mieux agir de finesse.
Dieu paraît nous protéger, il ne
permettra pas que le crime triomphe plus long - tems ; j'attends

à chaque instant une lettre qui peut m'annoncer des choses bien importantes ; je me hâterai de vous en faire part.

Vous partagerez sans doute la joie que ce premier succès me procure ; l'amitié qui nous unit m'en est un sûr-garant. Ah ! si vous vouliez céder aux vœux de cette même amitié, vous viendriez partager mon asyle ; les soins de mon Amélie vous dédomageraient de l'absence de votre fils, et nous pourrions ainsi réunis compter encore quelques momens heureux.

Adieu, mon ami ; Amélie vous embrasse ; comme un père, et moi comme votre vieil ami.

F. P. DALVILLE.

Billet DE BELVAL Père, à JOHN BUWORTZ.

MALÉDICTION ! rage ! que l'enfer ouvre sous vos pas ! ....
Mes crimes sont sur le point d'être découverts, et c'est mon fils qui va déchirer le voile qui m'enveloppe !.... Il s'est introduit chez vous : voyez ci-joint la lettre que Dalville lui-même m'adresse..... C'est mon ennemi qui me prévient de ma perte.....
Saisissez Belval ; que la mort...
Que dis-je ? il est mon fils !....
Mais qu'une étroite prison le retienne ; que les souffrances.....
Non..... je ne sais ce que j'é-

cris, ma tête n'est plus à moi, chaque instant m'annonce que je suis découvert ; un feu terrible me consume, le désespoir s'est emparé de mes sens, l'inquiétude me dévore ; prudence. . . . . sévérité, ou tremblez pour vous-même, le fer est suspendu sur votre tête.

BELVAL.

ALEXIS à DERVILLE.

C'est du fond d'une cave humide et fangeuse, que je pourrais nommer encore prison , que je t'écris : malgré la promesse que l'on m'a faite, j'ignore si ma lettre parviendra jusqu'à toi.

Je ne suis plus ce jeune et im-
pétueux Belval ; je suis un triste
prisonnier, couvert de haillons,
pleurant sur mon sort actuel, et
ne devinant pas comment je sor-
tirai de cette affreuse situation.

Depuis un mois j'étais introduit
chez Buworlz, grace à mon déguisement ; j'approchais facilement de lui, j'examinais ses démarches, j'écoutais ses discours,
mais rien encore n'avait pu me
donner de renseignemens sur madame Dalville ; je gémissais de
mon inaction, vingt fois j'avais
été tenté de faire avouer de force
à John le lieu où il la retenait ;
mais les ordres de son époux, la
crainte de commettre quelque
imprudence, suspendaient l'exé-

cution de mes projets , et je restais ainsi inutile , quoiqu'en présence de l'ennemi.

Une particularité assez singulière me consolait de cette espèce de captivité : comme je passais pour une femme , on n'avait trouvé aucune difficulté à me faire partager le logement et le lit de la fille du jardinier ; je faillis me découvrir à cette nouvelle ; je pris sur moi , et songeai à parer à cet événement inattendu , les premières nuits , avec nombre de précautions ; je parvins à n'être pas découvert ; mais pour continuer ce rôle , il m'eût fallu une vertu que je ne possède pas : après avoir mûrement réfféchi , je me déterminai à avouer à ma

jolie camar ade e mon sexe et
mes torts; mais pour être sûr de
son silence, il fallait lui donner
à elle-même un tort, et par-là,
faire qu'une seconde faute l'em-
pêchât de découvrir la première ;
c'était, je l'avoue, un coup de
maître ; mais il fallait le tenter
ou se sauver.

La nuit suivante fut consacrée
à l'exécution de mon projet, Juliette dormait profondément, je
la réveillai d'une manière nouvelle pour elle ; elle ouvre les
yeux, la douleur et la surprise lui
font jetter quelques cris, que je
m'efforce d'étouffer ; mais son
étonnement redouble lorsqu'elle
voit que c'est de la fille de basse-
cour qu'elle éprouve un pareil
traitement.

traitement. Pendant ce tems, je m'efforce de lui faire sentir que la peine n'est pas éternelle, et que le plaisir y succède; bientôt elle tombe de mon avis, mais persiste à vouloir me connaître et à savoir ce qui a pu m'engager à prendre des habits de femme et à m'introduire près d'elle.

C'est alors que j'eus besoin de toute ma rhétorique; je lui fis la déclaration d'amour la plus pas-sionnée, la plus tendre, et d'hon-neur je crois qu'en ce moment, je parlais d'après mon cœur; je l'assurai que c'était pour avoir le plaisir de la voir, d'être prêt d'elle que je m'étais ainsi méta-morphosé; je vantai sur-tout ma délicatesse d'avoir passé plusieurs

nuits près d'elle , sans me faire
connaître ; j'appuais tous mes discours de preuves qui la flattaient
encore davantage , et qui enfin
me valurent mon pardon ; elle me
promit le secret , elle-même s'y
trouvait intéressée , et tout alla
le mieux du monde.

C'est ici que le tableau change ;
depuis plusieurs jours je goûtais
les faveurs de l'amour , un heureux repos , l'espoir de découvrir
les projets de Buwortz , me fai-
saient aimer ma situation présente ; je jouissais d'une parfaite
tranquillité , lorsque que je fus
arrêté , chargé de chaînes , et à
travers vingt détours qu'on eut
soin de me faire prendre les yeux
bandés , jetté dans un cachot ; pas

un mot, pas une seule parole ;
rien ne m'instruisis du motif qui
faisait agir ainsi à mon égard ;
suis-je découvert ? La perfide Juliette m'aurait-elle trahie ? Voilà ce que j'ignore, voilà ce qui
augmente mon inquiétude ; Buwortz qui ne me connaît pas,
n'a pu découvrir qui je suis.....,
La Rainville, qui aurait pu me
donner des inquiétudes, n'est pas
au château..... Je me perds dans
mes conjectures ! Si, par un hasard que je ne puis concevoir,
John sait qui je suis, s'il sait que
le fils de Belval, le vengeur de
madame Dalville est en son pouvoir ! Les tortures et les supplices
vont m'être prodigués ; je crois

que je les préférerais à l'incertitude où je suis.

Un être masqué m'apporte tous
les jours ma nourriture ; plusieurs autres personnages qui l'ac-
compagne restent dehors, et lui
seul vient jusqu'à moi ; il y a deux
jours qu'il me glissa un papier,
et se retira : surpris, je ne savais
que penser ; je cours à ma lam-
pe, et je lis ces mots : « *Fiez-
vous à moi* ». L'espérance s'empara de mon âme, mais bientôt
je craignis que cela ne fût un
nouveau piége ; cependant ma
position est si affreuse que ne
pouvant en attendre une plus terrible ; je me décidai à profiter de
cet avis ; le lendemain je lui fis
entendre que je voulais écrire ;

le jour suivant je reçus tout ce qui m'était nécessaire, avec un second billet portant; « *A minuit je viendrai prendre votre lettre, vous me la passerez entre la muraille et la porte , confiance , elle sera rendue fidellement* ». J'écris, je me fie à l'être bienfaisant qui paraît vouloir me protéger ; je m'en rapporte à son honneur.

« Tu feras part de tout ceci à M. Dalville ; je ne puis t'en écrire davantage ; il ne me reste que quelques minutes.

Il est minuit ; on frappe doucement à la porte de mon tombeau. Je termine ma lettre, et la donne avec sécurité. Adieu, peut-être pour le dernière fois. Embrasse Amélie ; quelques soient les événemens, elle occupera toujours la première place dans mon cœur.

ALEXIS BELVAL.

~~~~~~~~~~~~~~~~~~~~

JONH BUWORTZ à Madame RAINVILLE.

Madame et Bonne Amie,

Vous voudrez bien vous tenir disposée à partir sous deux jours pour Caën ; il est nécessaire de m'y rendre de suite.

Je viens de manquer de perdre en un seul instant toute la confiance de M. Belval, ce qui m'aurait fait grande peine ; il avait reçu l'avis que son fils sous des
~~~~~~~~~~~~~~~~~~~~

habits de femme s'était introduit
chez moi ; jugez de sa fureur ; il
m'a écrit ; moi j'ai fait de suite
arrêter la fille de basse-cour que je
venais de prendre ; à la vérité c'é-
tait un jeune homme déguisé ; je
le fis renfermer, et M. Belval se
rendit en toute diligence chez
moi : aussitôt son arrivée, j'ai
fait conduire le prisonnier dans
une salle où M. Belval était ca-
ché ; après qu'il l'eut bien exami-
né, il se trouva que ce n'était pas
son fils, mais bien un paysan de
nos environs, qui à la vérité a
quelques traits de lui , et qui
s'était introduit ainsi pour faire sa
cour à la domestique Marianne. *

* La lettre suivante expliquera cette
énigme.

M. Belval s'en est retourné tout sot, en me donnant l'ordre de le suivre : quant à moi je suis bien content de tout ce ci ; il ne m'aurait pas trop fait plaisir qu'un petit morveux m'en remontrât en fait d'intrigue.

Je ne sais quand tous mes travaux finiront, et quand je pourrai vivre heureux et tranquille près de vous ; je ne sais aussi si votre impatience égale la mienne, mais pour moi j'en ai grande envie.

Envoyez-moi par le porteur, l'adresse de cette femme de Toulouse, à qui j'ai confié la petite Dalville ; M. Belval veut savoir ce que devient cet enfant, et moi, j'ignore ce que j'ai fait du nom et de l'adresse.

Je vous aime pour la vie,

J. BUWORTZ.

~~~~~~~~~~~~~~~~~

ALEXIS à DERVILLE.

JE suis libre!.... C'est à Juliette que je dois ma liberté ! Femme ! sexe aimable et charmant que de grâces n'avons-nous pas à te rendre ! Quelle est l'époque de notre vie où tu ne sois pas utile à notre existence. Ah ! qu'il meurt l'être sans principes, sans pudeur, sans mœurs, qui ose te calomnier ! qu'il éprouve un supplice plus terrible, qu'il soit privé de te voir.
~~~~~~~~~~~~~~~~~

Pardonne, mon ami, cette digression, c'est le premier élan de mon cœur; tel l'oiseau qui célèbre par ses chants mélodieux le retour de la lumière, et semble par ses accens lui rendre hommage: le premier besoin que j'ai éprouvé a été de louer ce sexe, à qui je dois l'existence et la liberté.

Ma dernière lettre t'a été rendue, j'en ai la certitude: ainsi tu connais mes malheurs; mais ce que tu ne saurais deviner, c'est la manière miraculeuse dont je suis sorti de mon cachot.

Le personnage masqué qui m'apportait ma nourriture, qui daignait s'attendrir sur mon sort, qui m'a procuré les moyens de t'écrire, qui enfin ma rendue à la liberté, en risquant sa vie pour sauver la mienne, était Juliette.

Trois jours s'étaient passés depuis que j'avais remis ma lettre pour toi; c'est envain que j'avais adressé des questions pour connaître le sort auquel j'étais réservé, un silence rigoureusement observé, avait été opposé à mes questions. Enfin, un troisième billet m'est rendu par mon geolier; on y lisait : « *Que rien ne vous étonne, à minuit, silence, confiance à toute épreuve.* » Il était huit heures lorsque ce billet me fut remis; tu ne peux t'imaginer l'état dans lequel je passai les quatre heures qui me restaient à attendre, la crainte, l'espoir ve-

naient tour-à-tour s'emparer de
moi; tantôt je me figurais que
Buwortz allait par une mort affreuse récompenser ma témérité,
et se repaître de mes souffrances ;
tantôt je voyais M. Dalville instruit de ma captivité, séduisant
mes gardiens et venant briser mes
fers...... Au milieu de mes ré-
flexions, le silence qui m'envi-
ronne est rompu, une cloche lu-
gubre se fait entendre ; l'heure
sonne ; les immenses voûtes qui
m'entourent répètent le même
bruit..... Un frisson s'empare
de mes sens; le froid de la mort
vient me saisir, mes nerfs sont
attaqués, des convulsions de rage
et de désespoir s'emparent de
moi..... Je nomme Amélie, et

les

les objets qui me sont chers ; je vais expirer...... Une porte s'ouvre, des gens armés entrent dans mon cachot, mon gardien, celui qui jusqu'à ce moment a paru me protéger, me charge de chaînes, et me couvre le visage d'une épaisse draperie : plus de doute que je sois trahi. Cependant j'ai cru remarquer quelques intentions, mes fers ne sont point fixés et tournent seulement autour de mon poignet ; un pli du linceul qui m'enveloppe la tête, me laisse voir ce qui se passe ; le cortège se met en route, marche, mon geolier me tient les bras, les gardes sont en avant ; les flambeaux résineux portent une clarté sinistre dans les noirs et hu-

mides avenues de ces souter-
rains : marchant avec peine, je
me trouvais éloigné à-peu-près de
quinze pas de mes *sbires*. Arrivé
à une encoignure de la voûte,
mon gardien pousse vivement une
porte pratiquée dans l'épaisseur
du mur, un personnage sembla-
ble à moi, par la taille et le vê-
tement, paraît ; il le saisit par le
bras et me laisse en liberté ; une
boîte est posée dans ma main, et je
me sens poussé dans la pièce dont
ce mistérieux personnage était
sorti ; la porte se ferme sur moi,
j'écoute, je prête l'oreille, et
j'entends le pas de mes boureaux
qui continuent leur route ; étourdi, hors de moi, je ne sais que
penser, j'erre dans une obscurité

totale; mes mains se portent vers la muraille, et ne sentent aucune issue; une idée me frappe, j'ouvre la boîte qui m'a été remise, et j'y trouve tout ce qu'il faut pour procurer de la lumière. Je respire ! Mon premier mouvement est de profiter de ce bonheur; mon second, de lire l'écrit que renferme encore cette boîte; c'est alors que j'apprends que Juliette est mon sauveur.

Son père étant chargé de ma garde, elle était parvenue à s'emparer de ses vêtemens, de ses clefs, du masque qui, par ordre de Buwortz couvrait sa figure, et à pénétrer jusqu'à moi; elle m'apprend aussi que notre liaison n'a point été découverte, mais qu'on

m'accuse d'être un nommé Belval, qui en veut aux jours de
John. Qu'un étranger est arrivé
au château, et que cette nuit je
devais lui être présenté. « Le per-
» sonnage que vous avez vu, dit-
» elle en finissant, a beaucoup
» de vos traits ; il va être présenté
» à Buwortz ; si on l'interroge
» pour savoir ce qui l'a engagé
» à ce déguisement, il donnera
» pour prétexte qu'il était amou-
» reux de Marianne, notre fem-
» me de charge; elle est dans mes
» intérêts, et se taira. Vous voyez
» que tout est prévu : quant à
» vous qui n'avez couru tous ces
» dangers que pour moi, fuyez,
» dérobez - vous à leurs pour-
» suites , oubliez ma faiblesse ;

» mais souvenez - vous toujours
» de l'infortunée Juliette ». Je
baisai cet écrit. Bonne fille, m'é-
criai-je, ton souvenir sera sans
cesse gravé dans mon cœur.

Muni de ma bougie, je cherchai et découvris enfin le moyen
de sortir, après une marche d'une
demi-heure à travers les rocs.
J'apperçus le jour ; il pénétrait
par une ouverture donnant dans
une carrière abandonnée. J'y
passai facilement, et me trouvai
enfin libre, au milieu d'une vaste
plaine, et à une assez grande dis-
tance de la demeure de John : je
viens de me loger ici à deux lieues
d'Avignon ; c'est-là que j'atten-
drai de tes nouvelles, ainsi que de
celles de M. Dalville, à qui je te

prie de communiquer la présente.

Donne-moi dans ta première des nouvelles d'Adèle ; est-elle toujours chez M. Dalville ? est-elle reconciliée avec sa bienfaitrice, cette dame qui prit soin de son enfance? voilà ce que je desire vivement savoir.....

Je t'embrasse, et suis ton ami,

ALEXIS.

ALEXIS à M. DALVILLE.

UNE lumière affreuse vient de luire à mes yeux; je ne sais si j'existe..... un engourdissement total s'est emparé de mes sens ; suis-je encore digne de vous, suis-je digne d'Amélie ?

voilà ce que j'ignore, ce que je ne puis comprendre..... Le sort n'est-il pas las de me poursuivre, et les premières découvertes que je fais doivent-elles me plonger dans la douleur et le déséspoir ?

Il est tems de vous instruire de ce qui cause mes tourmens et mes incertitudes... J'attendais avec impatience de vos nouvelles et de celles de tout ce qui m'est cher, voulant garder le plus sévère *ingonito*. Je vous avais prié de m'écrire *poste restante.* Tous les jours je courais guidé par l'espoir, m'informer s'il n'y avait point de lettres pour moi Hier ! (et ce moment restera éternellement gravé dans ma mémoire.) Hier, le maître de poste occupé, me

dit de chercher moi-même dans
le paquet qu'il me présente : mon
œil avide parcourt promptement
les suscriptions ; . . . . j'ai cru
appercevoir le nom de Buwortz ;
involontairement je regarde de
nouveau, je ne me suis pas trompé, c'est bien son nom ; l'écriture ne m'est pas inconnue ; j'hé-
site , je crains d'avouer à moi-
même ma pensée ; je balance quelques instans ; mais , hélas ! je n'en
puis plus douter, c'est l'écriture
de mon père !. . . . Mes yeux se
portent au timbre , et pour confirmer tous mes soupçons, je lis :
Rouen. . . . . . Mon père écrire à
John ! Mon père en correspon-
dance avec ce scélérat ! Ma curiosité est au comble, je ne sais que

faire; je saisis la lettre, j'examine
si on me regarde, je vais briser
le cachet, l'honneur me retient...
Malheureux, que vas-tu faire!..
Je ne puis rester plus long-tems;
je prends la lettre et la cache
dans mon sein; je sors. De retour chez moi, je compare les
écritures; plus de doute... cependant je n'ose me permettre cette
violation.... Au moment où je vous
écris, cette lettre fatale est devant
moi... J'attends vos ordres; que
dois-je faire ? que dois-je penser ?
C'est à vous à me guider.

Votre très-humble, etc.

ALEXIS.

M. DALVILLE à ALEXIS.

C'EST à moi à vous guider, dites-vous; eh bien, suivez donc mes conseils, faites ce que l'honneur vous commande impérieusement; envoyez à Buwortz la lettre que le hasard a remis entre vos mains, sans chercher à pénétrer le mystère qu'elle renferme, sans calculer qu'en brisant un cachet, nous découvririons peut-être des choses de la plus haute importance.

Et moi aussi, j'ai d'affreux soupçons! Mon cœur se refuse à les écouter..... Mais je crains que les preuves ne s'accumulent, et que bientôt il ne me soit plus permis de douter de leur authenticité.

En me confiant Adèle, en appellant sur elle toute mon attention, vous eûtes la délicatesse de déguiser une partie de ses aventures ; tout ce quiaurait pu diminuer l'amitié que je lui jurais fut soigneusement chaché par par vous, et je ne saurais vous en faire un reproche ; mais bientôt son amitié pour ma fille la porta à lui avouer son secret ; j'en fus instruit, et je pardonnai : son repentir était si sincère, son âme tellement affectée, que je ne vis plus qu'une infortuée que je consolai, et à qui je promis de ne point retirer mon amitié, ma protection, si elle pouvait lui être utile.

Ce fut à cette époque que vos lettres me firent connaître votre ami Derville, chargé par vous de me faire différentes communications ; il était venu différentes fois chez moi, avait vu Amélie, et m'avait inspiré de la confiance, je dirai même de l'amitié, dans l'intention de me lier davantage avec cet estimable jeune homme. Je l'invitai à dîner avec nous ; nous étions réunis lorsque la porte de la salle à manger s'ouvrit, et qu'Adèle, retenue par quelques soins domestiques, parue, ce fut la foudre pour votre ami, il jette un cri qui attire sur lui les regards d'Adèle qui, a son tour reste immobile de surprise, et cache sa rougeur dans le sein de ma fille.

Je

Je ne fus point un instant sans deviner le motif de sa surprise, et je me persuadai bientôt de la vérité ; Derville était le séducteur d'Adèle.

J'abrège ici tout ce qui se passa à la suite de cette scène ; qu'il vous suffise de savoir que Derville obligé de se fixer chez un oncle dont il dépendait, fut tellement observé, qu'il lui fut impossible de revoir Adèle pendant plusieurs mois. Ce fut dans cet intervale que l'accident affreux dont vous la sauvâtes lui arriva, Derville apprit de vous-même cette circonstance, sans soupçonner que cette Adèle à qui vous aviez sauvé la vie, fut celle qui lui faisait verser des larmes ; il

Tome I.   M

poussa même la délicatesse jusqu'à ne point vous informer qu'une personne du même nom occupait son cœur, j'ai pris des renseignemens sur sa moralité ; l'hymen effacera un instant d'erreur, et ils seront heureux.

Cette circonstance augmentait encore le desir que j'avais d'obtenir quelques renseignemens à son égard. J'avais écrit plusieurs fois à madame Pilloy, mes lettres étaient restées sans réponses ; enfin la suivante me parvint, je la transcris en entier ; elle est trop importante pour vous en cacher un mot. La voici :

« J'ai reçu, monsieur, les lettres » que vous m'avez fait l'honneur » de m'écrire ; si je n'y ai pas ré-

» pondu plutôt, c'est que je vou-
» lais m'assurer que le nom de
» Dalville existait, et qu'il n'était
» pas supposé pour obtenir de moi
» des renseignemens que je ne puis
» ni ne dois donner. L'enlèvement
» d'Adèle n'a point été un secret
» pour moi, j'en étais instruite ;
» depuis six mois je ne recevais
» pas de nouvelles de celui qui
» me paie sa pension ; mes moyens
» ne me permettant pas de la gar-
» der plus long-tems, j'avais l'in-
» tention de la mettre en service
» ou de l'envoyer à Paris ; celui
» qu'elle nomme son séducteur
» s'offrit, j'y consentis ; tant pis
» pour elle, s'il lui a échappé.

» Elle aurait tort de penser que
» je la recevrais de nouveau chez

» moi; depuis son départ, il ne
» m'est pas parvenu de nouvelles
» de ceux qui prennent intérêt à
» elle : tout ce que je puis vous
» apprendre, c'est qu'elle m'a été
» remise par une madame Rain-
» ville ; mais quant aux noms de
» ceux avec qui j'ai eu des corres-
» pondances à son sujet, je ne puis
» les reveler ; c'est un secret qui
» mourra avec moi.

» J'ai l'honneur, etc. »

Madame Rainville ! .... Ce nom
m'a fait frémir ! Madame Rainville a remis à madame Pilloy un
enfant qui n'est pas le sien ; vos
lettres m'ont appris que Buwortz
a une maîtresse qui porte ce nom ;
mon épouse n'avait plus que deux

mois à attendre pour me rendre père, lorsqu'elle fut arrachée de mes bras: il y a seize ans que ce funeste éyènement est arrivé, et dans deux mois Adèle aura seize ans ! Quels rapprochemens ! Ne peut-on pas les regarder comme certains? Je n'ose me livrer aux épanchemens de mon cœur, je n'ose m'abandonner aux mouvemens qui m'entraînent vers Adèle.

Ma position est terrible; elle ne peut durer davantage : Derville, aussi intéressé que moi à la découverte de cet affreux mystère, est parti pour Toulouze ; il va forcer cette femme à tout dévoiler, delà il ira vous rejoindre.

Je me refuse constamment à croire

votre père coupable ; il est impossible qu'il soit instruit des ménées
de Buwortz. Si cela était !.... Ah !
cette idée est affreuse pour moi,
et je ne puis la supporter ; elle est
au moins aussi cruelle pour vous ;
mais effacez-là de votre mémoire.

Amélie est ma seule consola-
tion ; ses tendres soins, ses prévenances me font quelquefois
oublier un instant mes malheurs ;
elle partage toutes vos peines, tous
vos dangers ; elle se regarde comme attachée à votre sort.

Adieu, mon ami, l'instant paraît approcher où tout va se découvrir, que les coupable trem-
blent, leur supplice s'apprête ; la
clémence est une vertu ; mais elle
dégénerait en faiblesse, si on l'em-

ployait envers ceux qui n'ont pas
craint d'empoisonner notre vie
entière.

P. D. DALVILLE.

~~~~~~~~~~~~~~~~~~~~~~~~~~~

AMÉLIE DALVILLE à ALEXIS.

Mon Ami,

LE ciel vient de rendre à mon
père, une seconde fille, à moi,
une sœur chérie ; la joie de M.
Dalville a été telle qu'il s'en trouve
incommodé ; c'est à votre ami,
monsieur Derville, que nous de-
vons cette heureuse nouvelle ; il
a su arracher le secret de madame
Pilloy, et lui faire avouer que
l'aimable Adèle était ma sœur ;
combien l'infortunée a souffert ?...
~~~~~~~~~~~~~~~~~~~~~~~~~~~

quoi n'a-t-elle pas été exposée, tandis que moi j'étais comblée d'attentions, de soins, de prévenances, qu'il m'aurait été bien doux de partager avec elle.

Quand donc, mon ami, serons-nous réunis ? Quelle est donc l'époque qui nous verra heureux ? Ah! pourquoi dissimulerai-je avec vous, l'impatience que j'éprouve de voir arriver ce fortuné moment ? Je ne dois pas rougir de mon amour pour vous, puisque des liens sacrés doivent le couronner ; hâtez-donc vos recherches, pressez les événemens, n'épargnez rien pour rendre votre retour plus prompt ; songez que votre amie, votre épouse, compte les momens que vous passerez loin d'elle; mes sentimens sont communs à toute la famille, mais rien ne peut être comparé à mon amitié pour vous.

Votre amie,

Amélie Dalville.

M. Derville est encore à Toulouze.

DERVILLE à ALEXIS.

Lorsque tu recevras ma lettre, mon cher ami, je serai en route pour te rejoindre.

Tu connais tous mes torts, et cependant tu ne m'en veux pas; M. Dalville t'a instruit de mon amour pour Adèle, et tu as pardonné mes erreurs: ah! si j'avais besoin d'une nouvelle preuve pour être certain de la sincérité de ton amitié, celle-ci me suffirait; tu m'as jugé d'après toi-même, et tu as senti qu'il était impossible de résister à la beauté d'Adèle, à l'aménité de son caractère; tu n'as pu me blâmer d'avoir suivi l'impulsion de mon cœur; malheureusement cet instant d'erreur nous plongea dans un siècle de malheurs: rappellé à Paris par les ordres impérieux de ma famille, je n'eus d'autres propositions à lui faire que de me suivre; elle y consentit; il m'était difficile une fois arrivé dans cette ville, d'être assidu près d'elle sans être découvert; c'est ce qui arriva: mon oncle me fit des reproches sanglans; j'essayai de me justifier:

une surveillance plus active de sa part fut sa réponse; la crainte de compromettre celle qui possédait mon cœur, m'empêcha de me soustraire à cette barbarie, et je fus quelques jours sans la voir. Adèle se crut trahie; désespérée et ne voulant rien devoir à celui qu'elle nommait son séducteur, elle quitta l'asyle que je m'étais plu à lui choisir, et refugiée dans un réduit, elle vécu du travail de ses mains jusqu'au moment qu'un affreux incendie!.... Tu sais le reste; c'est à toi que je dois la conservation de ses jours; c'est à toi que je dois une seconde existence.

Avec quel plaisir je réparerai mes torts envers elle: M. Dalville, toujours bon , généreux, sensible, a vu mes remords, et comme toi, m'a pardonné ; il a promis de nous unir, et de mettre le comble à notre félicité.

Tu sais qu'il n'y a plus de doute sur sa naissance ; j'ai percé l'épais mystère dont s'enveloppait la Pilloy, et il ne m'est plus permis de douter de la vérité. En effet, madame Dalville avait le prénom d'Adèle; 2o. l'époque de son enlèvement et le terme de sa grossese répondent parfaitement à l'âge 'd'Adèle; 3°. madame Dalville a été enlevée par Buwortz, et c'est lui qui, accompagné de madame Rainville, a remis Adèle à madame Pilloy. Ces renseignemens extraits des aveux de cette dernière, sont trop frappans pour ne pas offrir des faits certains.

Je clos ma lettre pour m'occuper des préparatifs de mon départ, je vais t'aider moi-même dans les découvertes qu'il te reste à faire, et encourager de mes conseils et de ma personne l'exécution de tes projets.

Ton ami,

DERVILLE.

***

M. BELVAL à M. DALVILLE.

Vous m'y forcez donc ; eh bien ! soyez satisfait. Vous voulez con-

naître l'auteur de tous vos maux,
le persécuteur de votre famille,
l'amant de votre épouse, eh bien!
frémissez! cet être immoral, qui
se joue des nœuds les plus sacrés,
qui rompt les liens d'une amitié
autrefois sincère, ce monstre enfin (c'est ainsi que votre colère
le nomme).., ... c'est moi.

Vous tremblez à cette terrible
révélation; vous avez peine à concevoir une telle infamie; armez-
vous de courage, et sachez tout.

Buwortz n'est que l'agent de
mes volontés, c'est par mon ordre qu'il l'a soustraite à l'activité
de vos recherches, et je jouis à
présent, près d'elle, du bonheur
acquis par des années de peines
et d'inquiétudes.

L'activité que mon fils met dans ses recherches, le concours des événemens, la découverte presque miraculeuse de votre seconde fille, de votre Adèle (car il est inutile maintenant de vous déguiser la vérité), plus encore, l'amour d'Alexis pour mademoiselle Dalville me font craindre d'être découvert : je veux être à l'abri de toutes craintes ; je veux un protecteur contre vos persécutions, et c'est vous que je choisis. Écoutez-moi :

Une propriété immense, fortifiée par l'art et la nature, est le lieu de ma retraite ; c'est de-là que je défie tous vos émissaires ; mais si, par suite du bonheur qui semble favoriser les recherches d'Alexis, je viens à être découvert, mon intention est de me défendre jusqu'à la mort ; si par une fatalité particulière, je succombe, la mort de madame Dalville sera ma dernière vengeance, ce ne sera qu'un corps palpitant que mon persécuteur pourra remettre entre vos mains : tremblez donc d'être trop bien servi dans votre haine, tremblez sur-tout du dénouement fatal de cette étonnante aventure.

Emporté par la violence des passions, je ne connais plus de frein ; vous devez sentir qu'après m'être soustrait pendant vingt ans à vos poursuites, à vos prières, à vos larmes, à celles d'Amélie, un crime de plus ne doit pas m'effrayer.

(153)

Voyez donc la conduite que
vous avez à tenir; sur-tout hâtez-
vous, un instant encore, et peut-
être il ne sera plus tems.

Belval père.

Fin du premier Volume.

[illegible]
[illegible]
[illegible]
[illegible]

[illegible]

[illegible]

mes braves gens, je ne suis qu'un pauvre ouvrier, et dans ma misérable cabane, vous ne pouvez trouver aucune ressource. — Mais, au moins, nous y serons à l'abri du froid, et nous pourrons nous y reposer jusqu'au jour. — Ne pensez pas que si Jérome vous refuse, ce soit par mauvais cœur; mais croyez-le, adressez-vous au château, il n'est pas loin, et là, vous ne manquerez de rien; pour vous montrer que ce n'est pas la bonne volonté qui me manque, je vais vous y accompagner.

À ces mots, il ouvre sa porte, fait entrer nos voyageurs, qu'il reconnaît pour deux militaires; leur fait son compliment à sa ma-

leurs portes sans en avoir trouvé
ucune hospitalière. On ne leur
vait pas même répondu. Cepen-
ant, ils ne perdent pas courage,
t remarquant qu'il y avait à quel-
ues pas une maison qui laissait
ppercevoir une faible lueur à
avers la porte (c'était sans doute
lle qui avait frappé leurs re-
rds dans la campagne); ils s'en
prochent et cherchent à se faire
tendre. Pour cette fois, ils ne
ennent point une peine inutile;
 leur répond, en leur deman-
nt ce qu'il y a pour leur service.
— Nous sommes deux malheu-
ux voyageurs égarés, surpris
r la nuit et accablés de fatigue;
ignez nous donner l'hospitalité.
— Vous vous adressez bien mal,

7 **